MORTIER-DUPARC,

REPRÉSENTANT DU PEUPLE,

DÉPUTÉ DE LA SARTHE,

A SES COLLÈGUES DU MÊME DEPARTEMENT,

Sur l'une des calamités qui affligent le département de la Sarthe, et le desir dy voir apporter remède.

———————

1er. ventôse an VII de la république.

Vous le savez, més collègues ; outre les malheurs que le département de la Sarthe partage avec presque tous les ceux de l'Ouest, il en est encore un qui lui est particulier, et qui résulte de la manière arbitraire et vexatoire dont il est administré, au mépris de la liberté publique et des loix, par un seul individu.

A

Depuis long - temps les plaintes se multiplient contre les grands et nombreux abus de crédit et d'autorité du citoyen Besnard. Le cri de l'indignation devenait très-public, lorsqu'il l'a étouffé en partie par la crainte qu'il imprime lui et ses agens, à la faveur des fonctions où il les a fait placer. Son despotisme, ainsi organisé, pèse durement sur tout le département de la Sarthe, sur-tout depuis qu'il préside l'administration centrale. De purs républicains subissent ses vengeances, lorsqu'ils ont le malheur de lui déplaire à lui ou à ses agens. Ainsi opprimés, ils attendent avec impatience que la vérité se fasse entendre, et que l'opinion publique se manifeste à son égard.

Je cède enfin aux instances multipliées de nombre de républicains; je cède au cri de ma conscience qui me dit sans cesse que je dois avoir le courage de dévoiler la domination, les artifices et les intrigues de ce despote. Je n'aime pas l'éclat, et encore moins un éclat de ce genre. Mais puisque c'est le seul remède à une partie des maux de mon pays, il faut bien l'appliquer, quoiqu'à regret. Dès que ce personnage sera bien connu, il ne pourra plus nuire. C'est le seul but que je me propose.

Je n'alléguerai contre le citoyen Besnard, que des faits précis et prouvés ou très-publics; et même pour cette fois, je n'en citerai qu'une partie. Voici les principaux griefs que lui reproche la notoriété publique. Après les avoir indiqués, je vais les développer, chacun à part.

1°. Il a voulu priver les tribunaux de la Sarthe du seul local qui leur convenoit, et cela pour l'acquérir et le démolir à grand profit. Ayant échoué, il s'en est vengé sur ces tribunaux, et sa vengeance dure encore, ainsi que le projet de chasser le tribunal de son local.

2°. Il a organisé son despotisme par un surcroît

inutile de destitutions, afin de faire placer le plus possible de ses agens aux fonctions publiques.

3°. Depuis dix-huit mois il n'a cessé d'intriguer, pour se faire un parti dévoué à toutes ses volontés et à ses intérêts. Ses intrigues ont jetté la désunion parmi les républicains.

4°. Il exerce constamment son despotisme sur l'administration centrale, sur le jury de l'école centrale et les professeurs, etc., etc.

5°. Il a empêché la députation d'obtenir pour notre département un juste dégrevement de contributions.

6°. Il a quitté deux fois de suite son poste, à l'époque où le brigandage se réorganisait et où les vols et assassinats recommençaient, et il a été absent plus de deux mois.

7°. Il entrave depuis six mois l'exécution d'un projet de réunion de la maison Tessé à l'école centrale ; projet nécessaire et fortement sollicité par lui-même pendant trois ans ; il a employé pour le faire échouer, des ruses et des faussetés incroyables si elles n'étaient prouvées ; et cela pour favoriser une spéculation sur cette maison Tessé.

8°. Il a recruté à Paris un ex-secrétaire de Fouquier-Tinville, qu'il a fait nommer substitut près les tribunaux, à l'insu de la députation à laquelle il a soigneusement caché ce projet. C'était un agent de plus dont il voulait renforcer son parti.

Voici les développemens et les preuves de ces griefs.

1°. *Projet de ravir aux tribunaux la maison de la Visitation ; vengeances exercées à ce sujet.*

En l'an V, le citoyen Besnard calcula les profits qu'il tirerait de la démolition de cette belle maison, et voulut la soumissionner ; l'administration centrale et les tribunaux réclamèrent. Il trompa le ministre des finances, et son fatal projet allait être consommé , quand la loi du 7 thermidor **an V** affecta cette maison aux tribunaux.

S'étant fait nommer, en floréal dernier, administrateur du département par remplacement, il a abusé de son despotisme sur ses collègues, pour faire différer le plus possible les dépenses nécessaires à l'établissement des tribunaux à la Visitation. Les tribunaux, las de ses tracasseries, ont réclamé auprès des ministres avec l'appui de la députation. En vain les ministres ont donné des ordres; il les a fait éluder par de faux prétextes, jusqu'au point d'alléguer que l'administration ne pouvait pas avancer *les frais d'un simple devis*, sans une affectation spéciale de fonds pour ces menus frais. .

Il a encombré cette maison, en y logeant, de son autorité privée, nombre de ses protégés qui, en ont dégradé les appartemens, tandis que le tribunal civil n'a pu y obtenir qu'un seul emplacement préparé pour ses deux sections, qui sont forcées de siéger tout-à-tour, sans siéges décens, ni parquet, ni barre, etc ; la plus grande confusion mêle ensemble juges, cliens, défenseurs, et public, parce que la vengeance et les entraves du citoyen Besnard durent toujours. Il ne s'en tient pas là : il a repris le projet de faire vendre la Visitation et d'en chasser le tribunal civil. L'administration centrale a été consultée à ce sujet, par autorité supérieure, et elle répondra...... ce qu'il lui dictera.

2°. *Il a organisé son despotisme par un surcroît inutile de destitutions, afin , etc.*

On sait que , depuis deux ans, il fait suspendre, destituer et remplacer à son gré, nombre de fonctionnaires. On sait que tout cela s'est opéré presque toujours à l'insu de la députation , de peur qu'elle n'éclaire le gouvernement sur l'arbitraire d'une partie de ces changemens. On sait que, sous prétexte de bien public, le grand objet du citoyen Besnard est de se faire, par ces remplacemens trop multipliés, un parti aveuglément dévoué à ses volontés. Ce moyen ne lui réussit pas toujours. Plusieurs des fonctionnaires qu'il a fait nommer, préfèrent à ses vues, leurs devoirs et leur attachement à la république. La crainte et l'espérance lui soumettent les autres. Il accueille sans examen des dénonciations calomnieuses de ses agens, et en profite pour suspendre et remplacer; il provoque même ces dénonciations quand il veut se venger. J'en vais citer un exemple.

Le citoyen Brillant, républicain sage et probe, ayant la confiance générale à Fresnay et dans tous les environs, avait refusé, l'an dernier, de se prêter aux intrigues du citoyen Besnard, et s'en était même expliqué avec une improbation énergique; il était président de l'administration municipale de Fresnay. Le citoyen Besnard, pour se venger de lui, provoque sourdement une dénonciation calomnieuse, et l'obtient par un de ses agens.

Le 9 fructidor dernier, le citoyen Brillant se rend au Mans et va conférer d'affaires municipales avec le citoyen Besnard, qui l'accueille très-gracieusement, lui témoigne beaucoup de confiance, et ne lui dit pas un mot de la dénonciation. Une heure après cette conférence, il le fait suspendre par l'administration pour trois griefs, dont le citoyen Brillant a démontré la fausseté par un mémoire et pièces au soutien.

L'arrêté de suspension était déjà adressé à l'administration de Fresnay, lorsque le citoyen Besnard, rougissant de la fausseté manifeste d'un de ces griefs, fait rayer ce motif de la minute, fait passer à l'administration de Fresnay une expédition nouvelle, et lui fait demander le renvoi de la première. Mais le citoyen Brillant s'était empressé de s'en procurer une expédition. Il a produit les deux expéditions qui prouvent encore le fait suivant :

Par le même arrêté, trois autres administrateurs étaient suspendus; l'un d'eux ayant obtenu grace du citoyen Besnard, il a fait rayer son nom de l'arrêté, et l'a fait remplacer par celui d'un culti-vateur, afin d'avoir son même compte de suspen-sions (1).

La suspension inique du citoyen Brillant a excité l'indignation générale à Fresnay et aux environs. Quatre citoyens, nommés tour-à-tour pour le rem-placer, ont refusé. La députation, par une apostille au pied du mémoire du citoyen Brillant, a rendu le témoignage qu'elle devait à la probité, au civisme et à la prudence de ce citoyen, l'un de ceux à qui le canton de Fresnay doit la tranquillité dont il jouit.

Je pourrais citer d'autres suspensions arbitraires du citoyen Besnard; mais elles sont bien connues de nos concitoyens, et il me reste assez d'autres griefs à développer.

» Mais dira-t-il, ce n'est pas moi, ce sont les autres administrateurs qui font ces suspensions ».

On va voir ci-après que les autres administrateurs ne font rien sans son ordre ou sa permission. Il leur fait signer de confiance ses arrêtés de suspen-sion, et les lettres à l'appui qu'il adresse aux mi-nistres pour les tromper. Si un ministre n'est pas persuadé par les premiers motifs, on lui en adresse de nouveaux, par supplément.

Qu'on ne dise pas que je veuille improuver toutes les destitutions faites depuis deux ans; je me borne

---

(1) Les pièces probantes sont déposées au ministère de l'inté-rieur : il en résulte la preuve d'un faux matériel. Car un arrêté ne peut être porté sur le registre, de deux façons si différentes, et à la même date. Voilà comment travaille le citoyen Besnard.

à dire que le citoyen Besnard les a trop multipliées, et cela pour placer ses créatures. J'invoque sur ce fait la notoriété publique. Il en est résulté des murmures nombreux contre nous députés, parce que le citoyen Besnard faisait accroire que nous étions les provocateurs de ces destitutions et remplacemens : il en est résulté de grands mécontentemens et de funestes désunions entre les républicains de la Sarthe. Aujourd'hui tout le département est convaincu que tous ces actes sont provoqués par le citoyen Besnard, et l'on sait par - tout qu'il le fait pour accaparer l'influence locale des fonctionnaires qu'il place ainsi ; pour dominer plus facilement les cantons, et entraîner par ses ruses l'opinion publique.

Cette organisation du despotisme du cit. Besnard est connue dans tous les départemens voisins du nôtre, et leurs députés en sont aussi indignés que nous.

3°. *Depuis dix-huit mois , il n'a cessé d'intriguer pour se faire un parti , etc.*

La prudence et la paix m'empêchent de rappeller en détail toutes ses intrigues de l'an dernier , depuis frimaire jusqu'en germinal. Mais tout le département les connaît : on sait qu'il recherchait, caressait et dénonçait tour-à-tour ceux dont il espérait capter la confiance, et qui frustraient son attente ; on sait que , sous des motifs adroitement colorés , son seul intérêt était le motif de ses actions et de ses paroles ; qu'il mettait en jeu des autorités respectables, sans y être autorisé, et cela sur-tout, pour se faire valoir auprès des cultivateurs et autres ; on sait que, piqué de l'échec de ses premières tentatives, il changea tout-à-coup de masque , etc. , etc.

Cette marche est encore la même qu'il suit cette année , mais y il met plus d'artifices et employe un plus grand nombre d'agens, pour parvenir à son but personnel ; il recherche et caresse dans tous les partis , les hommes les plus influens , pour transiger avec eux et en obtenir ce qu'il desire pour lui. On va en trouver une preuve claire ci-après , au huitième grief.

Ces intrigues , bien loin de réunir les républicains de la Sarthe, ne font que les diviser davantage. Tandis qu'un petit nombre , entraîné par la crainte du ressentiment du citoyen Besnard, ou par l'espérance de son crédit, se range sous sa bannière , la majorité persiste à témoigner le mécontentement que lui inspirent son despotisme , ses intrigues et ses vengeances. C'est ce que nous prouvent, à nous députés , toutes les correspondances écrites ou verbales , par lesquelles on nous informe de la situation du département, et spécialement de l'oppression que le citoyen Besnard fait exercer au Mans.

4°. Despotisme du citoyen Besnard, sur l'administration centrale.

Depuis deux ans, il a fait nommer deux fois l'administration centrale, et trois fois le commissaire. Pour mieux dominer, il lui fallait des collègues doux et timides. Pour justifier ses choix , il fallait qu'ils fussent républicains ; il les a trouvés tels qu'il desirait. Mais n'ayant pu en trouver un quatrième assez flexible à son gré , il a laissé la place vacante, après l'avoir proposée à deux citoyens éloignés de dix lieues, sachant d'avance qu'ils ne se déplaceraient pas pour dix mois.

Ses collègues qui savent par longue expérience avec quelle facilité il fait destituer et remplacer les fonctionnaires qui lui déplaisent, ont craint d'encourir sa vengeance en lui résistant. Voilà le motif de leur pleine soumission à ses volontés : ils ne savent pas que tandis qu'il les dirige au Mans, ils les dénigre et calomnie à Paris.

Aux reproches que plusieurs de nous députés lui ont fait sur sa domination arbitraire, voici ce qu'il a constamment répondu : » On a grand » tort de croire que je mène mes collègues ; au » contraire je leur cède, par amour de la paix. J'ai » beau leur remontrer qu'ils font des coups de tête, » ils ne m'écoutent pas. »

Un autre moyen d'excuse pour lui, c'est de dénigrer les commis du département, et de rejetter sur eux toute la négligence qu'on lui reproche dans l'expédition des affaires : en voici un trait frappant.

En frimaire dernier, les députés des départemens de l'Ouest, dont nous faisons partie, très - alarmés des brigandages renaissans dans ces départements, se réunissaient pour concerter les notions et mémoires à présenter à cet effet au directoire. Nous conduisimes le citoyen Besnard à une de ces conférences : il y proposa quelques mesures absurdes et jugées telles par le ministre de la police, d'après l'expérience même que le citoyen Besnard en a fait faire. Un député de la Mayenne lui dit que suivant le bruit public, l'administration centrale de la Sarthe ne correspondait presque point avec la députation, et ne l'informait pas de la situation critique du pays, comme faisaient les autres administrations centrales. Le citoyen Besnard ne sachant que dire, répondit que c'était la faute des chefs de bureaux du département, à qui il avait bien recommandé cette correspondance, mais qu'on ne pouvait rien obtenir d'eux.

Tous les députés présents sourirent de pitié de cette misérable réponse ; comme si la correspondance avec la députation, n'était pas l'affaire des administrateurs même, et non des commis. Le fait est que le citoyen Besnard a toujours empêché l'administration centrale de correspondre avec nous, excepté quelques cas où elle avait besoin de nos démarches, et où elle ne pouvait se dispenser de nous écrire, ou de nous répondre. Établir un mur de séparation entre les administrateurs, et les députés de la Sarthe, était pour lui un moyen de plus de maintenir son despotisme, et de dérober à nos concitoyens la connaissance de nos démarches fréquentes, pour les intérêts du département ; aussi tenait-il presque toujours seul cette correspondance rare, dont il cachait la majeure partie à ses collègues, comme on va le voir ci-après.

La soumission absolue des trois collègues du citoyen Besnard, à ses volontés, est un fait notoire dans tout le département, et sur-tout au Mans. Ce n'est que pendant ses voyages, qu'ils jouissent quelquefois de leur liberté ; encore suspendent-ils souvent les affaires, pour avoir le temps de lui écrire et de connaître ses intentions, de peur de lui déplaire.

Despotisme du citoyen Besnard, sur l'école centrale, et sur le jury de cette école.

Depuis dix mois qu'il préside l'administration du département, il conserve en même temps la place de membre du Jury de l'école centrale ; il sait pourtant bien que les nominations du Jury étant soumises à l'approbation ou rejet de l'administration centrale, ces deux places sont incompatibles ; mais ces deux autorités réunies doublent son pouvoir sur l'école, et c'est pour cela qu'il les a conservées.

Un imprimé qu'il a fait distribuer il y a un mois, annonçant un concours à trois places de professeurs, porte deux fois son seing ; l'un comme membre du Jury de l'école, et l'autre comme président de l'administration ; il en résulte la preuve que, comme despote du Jury, son projet étoit de nommer les trois professeurs, et comme despote de l'administration, de faire approuver par ses collègues les choix qu'il voulait présenter, comme membre du Jury. Lui seul nommerait et approuverait les nominations, si ses collègues du Jury, à qui j'ai fait observer cette illégalité, n'eussent consulté le Ministre de l'Intérieur.

Pour mieux régner sur cette école, il avoit fait nommer des professeurs *provisoires*, afin de pouvoir les renvoyer sans formalité, au cas qu'ils lui déplussent ; mais ce *provisoire* étant une violation de la loi, le Ministre d'alors le contraignit de présenter des choix définitifs à l'administration de l'an dernier.

Il fait publier par ses flatteurs, qu'il est le zélé protecteur de l'école, et qu'il lui a procuré des objets d'histoire naturelle ; mais nous, députés, savons que les caisses qui contiennent ces objets, sont le produit des démarches du professeur. Venu exprès à Paris, en fructidor dernier, et appuyé par nous, il fut autorisé par les commissaires du muséum de Paris, à faire lui-même des paquets pour l'école centrale de la Sarthe. Ce travail fut continué à son départ par le citoyen le Dru, son ami. Le citoyen Besnard retient ces caisses au département, et les soustrait à l'enseignement de l'histoire naturelle ; c'est ainsi qu'il protège l'école.

5. Il a empêché la députation d'obtenir pour notre département, un juste dégrèvement de contributions.

La commission des finances, à laquelle nous députés avions fait part des réclamations du département, sur l'excès des contributions dont il est grevé, nous avoit répondu que lorsque l'administration centrale aurait prouvé ce grevement par un mémoire et des calculs comparatifs, elle y donnerait toute son attention.

Lorsque nous eûmes fait part à l'administration

de cette réponse, en prairial dernier, le citoyen Besnard se chargea de l'exécution, et les autres administrateurs s'en reposèrent sur lui. Le temps s'écoulait, et le citoyen Besnard qui alors correspondait presque toujours seul avec nous, ne parloit point de ce travail. On le lui rappella tant par une lettre à l'administration, que dans des lettres particulières de plusieurs de nous à lui Besnard. Je lui ai, pour ma part, écrit deux fois sur cet objet; (1) ses réponses étant toujours dilatoires sur ce point, j'écrivis à la fin de thermidor au commissaire, que si le travail sur le dégrevement demandé n'arrivait pas sous peu, il ne serait plus temps. Le commissaire ayant vérifié que le citoyen Besnard n'avait encore rien fait faire à cet égard, en parla au citoyen Marsac; bientôt ce travail fut fait et bien fait; mais il fallut encore le soumettre au citoyen Besnard, qui l'a examiné *pendant si long-temps* que ce travail ne nous est parvenu qu'en vendémiaire dernier, le jour même où la commission des finances, avait fait adopter son projet de répartement. Quand le citoyen Besnard aurait fait exprès de rendre ce travail inutile, il n'eût pas mieux réussi; sans cette coupable négligence, nous pouvions espérer un juste dégrevement de plus de cent mille francs, pour notre département.

Il y a dans ce travail sur le dégrevement, un calcul qui peut-être aura déplu au citoyen Besnard. On y a démontré que son département natal et chéri, celui où il a son patrimoine, sa famille, ses amis, est beaucoup moins grevé que le nôtre. Le citoyen Besnard ne cache pas depuis long-temps qu'il n'a nulle attache pour notre département, et

---

(1) J'ai ses deux réponses; je crois même, sans l'assurer, lui avoir récrit une troisième fois.

qu'il l'aurait déjà quitté , si plusieurs projets ne l'y retenaient encore. Je laisse à tirer les conséquences.

» La preuve, dira-t-il, que j'aime le département » de la Sarthe, c'est que j'y ai acquis des biens » nationaux. »

—Oui, pour revendre en écus ce qu'il achète en partie en papier ; il a gagné beaucoup plus au trafic des biens nationaux, qu'à celui des mouchoirs. S'il nie le fait, je le prouverai.

6. *Il a quitté deux fois son poste à l'époque où le brigandage se réorganisait, etc.*

Les symptômes de cette réorganisation fatale s'annonçaient de toutes parts dans l'Ouest, à l'époque où le citoyen Besnard a fait son voyage d'Angers ; pendant cette absence, les vols se multiplièrent, et un patriote nommé Duvivier, fut assassiné.

A son retour au Mans, il apprit ces malheurs et les funestes présages qui s'annonçaient ; ce qui ne l'empêcha pas de former sur-le-champ, le projet d'un prochain voyage à Paris , pour intriguer et tromper, comme on le verra ci-après. Il quitte une seconde fois son poste en brumaire, et vient à Paris , passer près de deux mois. Pendant cette deuxième absence, cinq assassinats, d'énormes rançonnements de patriotes arrêtés , et de nombreux pillages se sont commis. A son retour au Mans, il se hâte de faire insérer dans les journaux de Paris, les mesures tardives de sureté (auxquelles il n'avait pas participé,) et cela pour se mettre à couvert des reproches publics , sur la désertion de son poste, dans ces temps de calamités.

Il n'ignorait pas à Paris , les brigandages et complots de l'Ouest, puisque nous le conduisîmes, vers le 12 frimaire, à la réunion des députés de l'Ouest, qui conféraient sur cet objet d'alarme commune. Tout ce qu'il y apprit le toucha si peu, que loin de retourner sur-le-champ à son poste, comme il aurait dû faire, il est encore resté plus de deux décades à Paris, ou à s'amuser en route.

7. Il entrave depuis six mois le projet de réunion de la maison Tessé à l'école centrale, etc. Ruses et faussetés pour l'empêcher.

Une lettre du ministre de l'Intérieur du 19 messidor dernier, nous annonçait que ce ministre et celui des Finances, avaient unanimment reconnu la nécessité de cette réunion, et qu'il ne manquait plus que le plan et les devis.

Nous avions le plan de Tessé ; nous écrivîmes à l'administration pour obtenir des devis économiques ; alors naquit au Mans une spéculation avide pour acquérir Tessé. Quel est, ou quels sont les spéculateurs ? C'est-là le secret du citoyen Besnard ; mais j'invoque à cet égard l'opinion publique du Mans.

Six pages ne suffiraient pas au détail de toutes les ruses, intrigues et tromperies du citoyen Besnard, pour abuser les ministres, et empêcher la réunion de Tessé, que lui-même avait constamment sollicitée pendant trois ans, conformément au vœu public. Cette lettre est déjà trop longue, je réserve donc ce détail très-curieux pour une autre lettre, et je me borne à citer quelques faits principaux.

Le 2 vendémiaire, le citoyen Besnard rédigea, et fit signer de confiance par ses collègues, des lettres aux ministres de l'Intérieur et des Finances, contenant les faussetés suivantes :

1°. Que la réunion de Tessé à l'école centrale, causerait une dépense de *soixante mille francs.* (On va voir qu'elle ne serait que de 1,984 francs.)

2°. Que ce qui reste du jardin de la Coûture, (c'est du sable presque pur,) est un sol plus propre à la botanique, que le jardin de Tessé.

(15)

3°. Que le cabinet d'histoire naturelle et la bibliothèque, seraient exposés aux voleurs, si on les plaçait à Tessé ; etc. etc.

Trompé par ces faussetés, le ministre de l'Intérieur à donné à l'administration centrale, par sa lettre du 25 vendémiaire, des espérances favorables ; mais depuis nous l'avons mis, ainsi que le ministre des Finances, à portée de connaître la vérité par un mémoire dont nous avons demandé nous-mêmes la communication à l'administration ; nous verrons ce qu'elle va répondre. Nous avons produit un devis fait par les citoyens Lechesne et Mongendre, experts d'une probité connue, et nommés par l'administration, (dans l'absence du citoyen Besnard ;) devis qui ne porte qu'à 1,984 francs, les frais de réparations et premier établissement, pour placer la bibliothèque et cabinet d'histoire naturelle, à Tessé. Nous avons mis en fait ce qui est très-connu ; savoir qu'il n'y a pas au Mans, six mille volumes nationaux, dignes d'une bibliothèque d'école centrale, et nous avons indiqué, à Tessé, un local commode et décent, qui peut contenir douze mille volumes.

Pour mieux abuser et dégoûter le ministre des Finances, du projet de réunion de Tessé, le citoyen Besnard après avoir trompé sur ses intentions la députation réunie le 16 frimaire dernier, prit des mesures secrètes pour obtenir une fausse évaluation de Tessé ; ses ordres ont été suivis.

Le 29 frimaire, le ministre de l'Intérieur a reçu les fausses évaluations que voici, et que j'ai vu moi et un de mes collègues : j'en ai pris note.

La maison de Tessé, occupée par le citoyen Rojou, (sans jardin,) estimée *dix-sept mille francs.*

L'autre maison occupée par la citoyenne Dubuisson, (aussi sans jardin,) estimée *quinze mille francs.*

Le jardin est estimé séparément, et son évaluation ne me paraît pas exorbitante, il est porté à 6,280 francs.

Ou l'on n'a pas osé montrer les deux fausses estimations à l'administration, ou elle a refusé d'attester qu'elle ait nommé celui qui les a faites. C'est une preuve que l'on a redouté la probité des trois administrateurs.

Je dénonce à l'opinion publique des citoyens du Mans, la fausse évaluation des deux maisons Tessé, dont je viens de parler ; elle ne peut avoir été faite que par ordre du citoyen Besnard, quoique absent. Quel autre que lui eût osé se rendre responsable d'une telle imposture ?

Le 14 prairial, an 2, les citoyens Chaplain et Heurtebise, experts, estimèrent, *par ordre du district,* le revenu total des maisons et jardin de *Tessé, à onze cents francs.* Cette estimation est d'autant moins suspecte, qu'alors il n'existait aucun projet, ni spéculation sur Tessé, ni école centrale ; ainsi les nouvelles estimations faites par un seul individu, portent la valeur du fonds de ces maisons, à *trente-cinq fois* le revenu ; ce qui est aussi contraire aux loix qu'à la vérité. (1)

On a eu grand soin de nous cacher le montant de ces fausses évaluations nouvelles ; on croyait qu'elles échapperaient à nos recherches ; il est même probable que les trois administrateurs ignorent ce *micmac*, concerté entre le citoyen Besnard, et l'un de ses agens, au Mans, lequel agent a signé seul la lettre d'envoi de ces évaluations.

Nos concitoyens seront sans doute aussi étonnés que le fut le ministre de l'Intérieur, quand la députation lui attesta par écrit l'énorme fausseté de

______

(1) On sent bien que si l'on mettait Tessé en vente, le citoyen Besnard ferait faire une autre estimation, celle-ci n'étant pas faite sur les bases prescrites par la loi, et n'étant destinée qu'à tromper los ministres.

la prétendue dépense de soixante mille francs, réduite par un devis authentique, et non suspect, à 1,984 francs ; je suis persuadé que les trois administrateurs avaient signé sans la lire, la lettre qui contient cette absurdité ; d'autant qu'eux mêmes, ainsi que le citoyen Besnard, nous avaient fortement sollicités par une lettre du 27 prairial, de presser cette réunion de Tessé, *sans laquelle*, nous écrivaient-ils, *il fallait désespérer du succès de l'école centrale.*

Doit-on être surpris que celui qui, en l'an 5, à voulu priver les tribunaux de la maison de la Visitation, veuille aujourd'hui priver l'école centrale de la maison et jardin de Tessé? Suivant son projet les élèves seraient obligés de courir tous les jours de l'école centrale au département, (distance de 1,218 mètres,) pour y recevoir des leçons d'histoire naturelle, physique, etc. ; et l'école n'aurait pour jardin de botanique, que le plus mauvais terrein du Mans, tandis qu'elle a près d'elle le fertile jardin de Tessé ; le tout pour favoriser une spéculation avide sur Tessé. Ce projet est un des motifs qui lui ont fait quitter son poste à l'époque des brigandages, pour venir à Paris tromper le gouvernement et intriguer.

8. *Nomination du secrétaire de Fouquier-Tinville ; etc. Motif de cette nomination.*

Le citoyen Besnard qui, comme on le sait bien au Mans, recherche, caresse et flatte les hommes influents de tous les partis, pour les mettre dans ses intérêts, avait besoin d'un de ces agens adroits et insinuans qui prennent tous les masques, et se ménagent des intelligences par-tout. C'était un des objets de son voyage à Paris ; il s'y est concerté avec *quelqu'un* du Mans, qui lui a trouvé l'homme qu'il lui fallait, et qui étoit très-connu au Mans, par son incivisme. Ils l'ont fait nommer substitut du commissaire, près les tribunaux du département ; mais se doutant bien que nous députés improuverions un tel choix, ils sont convenus de nous en faire mystère, quoiqu'ils vîssent fréquemment plusieurs de nous. Ce n'est qu'après leur départ de Paris, que ce nouveau substitut a remis à nos portiers, des billets de visite, à l'heure de nos séances afin de ne pas nous trouver ; tant ils devinaient bien tous les trois, l'unanimité d'opinion de la députation sur le choix étrange d'un ci-devant zélé royaliste, devenu depuis secrétaire de Fouquier-Tinvile. Sur l'invitation de nos concitoyens, nous avons confirmé au ministre de la Justice, les faits allégués contre le nouveau protégé du citoyen Besnard. L'indignation publique a tellement éclaté au Mans, que ce substitut est revenu à Paris, furieux et criant qu'il n'y a au Mans, que deux hommes d'esprit; *ceux qui l'avaient fait nommer.*

» Je ne connaissais pas cet homme, dira le citoyen Besnard. — Vous le connaissiez, car sa réputation était généralement faite au Mans. Mais si vous ne l'aviez pas connu, c'était un motif pour prendre des informations verbales de quelqu'un de nous. Vous vous êtes bien gardé de nous en parler, quoique voyant souvent plusieurs de nous à Paris. S'il était vrai que vous n'eussiez pas connu ce personnage, seriez vous aussi intime ami que vous l'êtes encore du *quelqu'un* qui vous l'a proposé pour vous servir selon votre goût ?

Résumé.

Tous les faits prouvés, ou notoires que j'ai cités, démontrent que le citoyen Besnard, n'a usé de son crédit que pour son seul avantage, que pour satisfaire son esprit dominateur, ambitieux et vindicatif; qu'il n'a fait nul bien à notre département, dont il a toujours négligé les intérêts pour les sacrifier aux siens ; qu'il a fait peser sur nos concitoyens un despotisme aussi dur qu'arbitraire. Voilà tout le fruit qu'on a retiré de son crédit ; voilà les gages qu'il a donnés pour l'avenir au département de la Sarthe , pour lequel il témoigne fréquemment son dégoût et son mépris. Il n'était pas moins important de faire connaître une partie de ses ruses et faussetés , pour désabuser ceux que trompe son faux air de modération. Il sait très-bien masquer ses passions ; mais les faits déposent hautement contre lui.

Il n'existe, entre le citoyen Besnard et moi, nul motif d'inimitié personnelle : ce n'est que comme député qu'il m'a trompé, ainsi que vous tous, mes collègues, deux ministres, etc. Je ne lui veux aucun mal personnel ; mais je desire ardemment, pour le bien de mes concitoyens de la Sarthe, qu'il soit réduit à l'impuissance de leur nuire désormais, et qu'ils soient délivrés de son despotisme intolérable et de ses intrigues qui empêchent la concorde de renaître dans notre département. Voilà mes seuls motifs ; je les soumets au respectable jury de l'opinion de mes concitoyens.

Républicains de la Sarthe, c'est votre notoriété, c'est votre opinion commune, qui seule peut ou détruire les faits que j'avance, ou les confirmer. Informez-vous, vérifiez ces faits ; et si j'ai voulu vous induire en erreur, dites-le hautement. Mais si je n'ai avancé dans cette lettre que des vérités importantes à la tranquillité à la liberté de tous mes concitoyens de la Sarthe , ne laissez point étouffer votre voix par une crainte imaginaire. Le pouvoir passager du citoyen Besnard n'est fondé que sur une illusion que vous pouvez aisément dissiper. Dès que la vérité sera bien connue sur son compte, il cessera d'être redoutable. J'ai commencé à lever le masque de ce rusé despote ; c'est à vous qu'il appartient de le démasquer complettement. En réclamant contre les abus, vous n'en serez pas moins toujours prêts à obéir aux loix et aux autorités qui les font exécuter.

Sa domination a-t-elle procuré le moindre avantage ? en êtes-vous plus tranquilles, plus heureux ? en êtes-vous moins les victimes du brigandage, de la désunion ? Notre malheureux département seroit-il condamné à rester courbé sous la verge d'un despote toujours négligent à remplir ses devoirs, et n'ayant d'activité que pour nuire, ou pour ses intérêts ?

Et vous, mes collègues, à qui je retrace tous ces faits, pour soulager votre mémoire fatiguée de cet amas d'abus d'autorité, de ruses, d'intrigues et de faussetés du citoyen Besnard, je n'ai pas besoin de vous inviter à rendre témoignage à la vérité, quand vous en serez requis, soit par nos concitoyens, soit d'autre part. L'amour de la vérité est dans vos cœurs, et c'est-là mon garant. Vous savez qu'il s'en faut beaucoup que je n'aie dévoilé tous les abus, toutes les manœuvres de ce personnage. Mais il est temps que je finisse. Si mon tableau est incomplet, il n'en est pas moins fidelle ; je laisse à d'autres le soin de l'achever, me réservant néanmoins de le faire, si le citoyen Besnard me force à lui répliquer. Je déclare d'avance que je ne l'ai jamais sollicité de faire nommer qui que ce soit, pour aucune place à la nomination du peuple ni du directoire, encore moins de faire destituer. Je me suis borné à lui faire une fois des reproches fondés.

De l'Imprimerie de la rue Cassette, N°. 913.